LES BIENFAITS DE L'ÉPREUVE

par l'imam Al-'Izz ibn 'Abd Al-Salam

&

l'imam Ibn Al-Qayyim

ISBN : 978-1-952608-28-5
www.muslimlife.fr
contact@muslimlife.fr

Votre livre gratuit

Pour vous remercier de votre achat, nous souhaitons vous offrir une copie gratuite en version PDF de notre livre :

« La Guérison des Âmes »

Accédez à la page ci-dessous pour l'obtenir :

https://www.muslimlife.fr/guerison-des-ames-offert/

Bonne lecture !

L'équipe de MuslimLife.

Table des matières

Introduction de l'éditeur

Au Nom d'Allah, le Tout-Miséricordieux, le Très-Miséricordieux. Paix et bénédictions sur notre Prophète Muhammad, sa famille et ses Compagnons.

Ce livre traite de l'épreuve, de ce qu'elle contient comme bienfaits et de ce qu'elle renferme comme sagesse.

Nous avons déduit qu'il s'agissait d'un thème très important pour la communauté musulmane d'aujourd'hui, car de nombreuses questions sont régulièrement posées à ce sujet.

C'est pourquoi nous avons tenté de traduire deux travaux produits par deux immenses savants qui abordent ce sujet.

La première partie de cet ouvrage met en avant les propos de l'Imam Al-'Izz ibn 'Abd Al-Salam issus son oeuvre :
Al-Fitan wa al-Balaya wa al-Mihan wa al-Razaya.

La seconde partie est quant à elle tirée du livre suivant :
Ighathat al-Lahfan min Masa'id al-Shaytan de l'imam Ibn Al-Qayyim.

Nous espérons de tout cœur que ce travail bénéficie à ses lecteurs.

Partie 1 :

Les bienfaits de l'épreuve selon l'imam Al-'Izz ibn 'Abd As-Salam

Biographie de l'auteur

Il est Abu Muhammad 'Izz ad-Din 'Abd Al-Aziz ibn 'Abd Al-Salam ibn Abu Al-Qasim ibn Al-Hassan ibn Muhammad ibn Al-Muhadhdhab Al-Sulami Al-Shafi'i.

On le surnomma « le Sultan des savants ».

Il est né en 577 ou 578H, à Damas, au sein d'une famille pauvre.

Peu d'informations existent au sujet de son enfance et de son éducation. On sait néanmoins qu'il a étudié auprès des érudits de Damas. Il s'est ensuite rendu à Bagdad pour une courte période au cours de laquelle il fut l'élève des savants locaux.

On compte, parmi ses premiers enseignants, le juge Jamal Al-Din Al-Harastani et Abu Tahir Barakat Al-Khushu'i, le fameux Hâfidh, auprès de qui il explora le hadith.

Après cela, il commença à assister aux leçons de Fakhr Al-Din ibn 'Asakir, l'imam des shafi'ites du Sham. Il apprit le fiqh auprès de ce dernier. Il s'informa sur les fondements de cette science chez Sayf Al-Din Al-Amidi, le célèbre expert du domaine. Il continua également l'étude du hadith sous la tutelle de Baha Al-Din ibn 'Asakir, l'éminent savant de cette discipline.

Il acquit une connaissance profonde des différentes branches du savoir et finit par atteindre le rang de mujtahid. Il délivra de nombreux sermons et conférences. Il enseigna jusqu'à sa mort, au sein des écoles les plus réputées de Damas puis du Caire.

Il fit preuve de fermeté à l'égard des innovations et en éradiqua plusieurs qui s'étaient répandues à son époque.

Il s'attachait constamment à la vérité, fut-elle à l'encontre des dirigeants. Ainsi, lorsque le gouverneur de Damas céda des terres aux Francs, il arrêta d'invoquer pour lui depuis le minbar. Il fut emprisonné en conséquence puis finalement exilé vers l'Égypte. Là-bas, il s'adressa directement au dirigeant du pays, devant son armée. Il lui intima de combattre les mauvaises pratiques qui avaient lieu au sein de cette contrée, comme la consommation du vin par exemple, jusqu'à les faire disparaitre. Quand on lui demanda s'il avait eu peur, il répondit qu'il pensa à la grandeur d'Allah et que le gouverneur devint alors tel un chaton à ses yeux.

Il était également connu, en plus de son courage, pour sa piété et son ascétisme. Lorsqu'il arriva en Égypte, il en devint très rapidement la sommité religieuse. On lui confia en effet la responsabilité d'émettre des avis juridiques (fatawas).

Il enseigna à de nombreux élèves dont :

- Ibn Daqiq Al-'Id
- Shihab Al-Din Al-Qarafi
- 'Ala Al-Din Al-Baji
- Sharaf Al-Din Al-Dimyati
- Ibn Al-Munayyir

Il fut l'auteur de plusieurs ouvrages parmi lesquels :

- Tafsir Al-Qur'an
- Al Fawa'id fi Mushkil Al-Qur'an
- Majaz Al-Qur'an
- Mukhtasar Sahih Muslim
- Al-'Aqa'id

- Al-Farq bayn Al-Iman wa Al-Islam
- Qawa'id Al-Ahkam
- Al-Qawa'id Al-Sughra
- Al-Imam fi Bayan Adillah Al-Ahkam
- Fatawa Al-Misriyyah
- Shajaratu Al-Ma'arif
- Sharh Asma Al-Husna
- Bidayat Al-Sul fi Tafdil Al-Rassoul

Il mourut en Égypte, en l'an 660H, à l'âge de 82 ou 83 ans. Qu'Allah lui fasse miséricorde.

Au Nom d'Allah, le Tout-Miséricordieux, le Très-Miséricordieux. Paix et bénédictions sur notre Prophète Muhammad, sa famille et ses Compagnons.

Le Shaykh, l'Imam, la Preuve de l'Islam, Abu Muhammad 'Abd Al-Aziz ibn 'Abd Al-Salam ibn Abu Al-Qassim Al-Sulami Al-Shafi'i, qu'Allah améliore la condition des musulmans à travers lui et qu'Il lui pardonne, a dit :

Dans les épreuves, les afflictions, les malheurs et les calamités se trouvent de nombreux bienfaits. Ces bienfaits s'appliquent à des niveaux différents en fonction du rang des gens.

1- Prendre conscience de la grandeur de la Seigneurie d'Allah et de Son Omnipotence.

2- Se rendre compte de l'indigence et de la détresse qui accompagnent la servitude.

C'est à cela qu'Allah, exalté soit-Il, fait référence lorsqu'Il dit :

« [Ceux] qui disent, quand un malheur les atteint : « Certes, nous sommes à Allah, et c'est à Lui que nous retournerons. » »[1]

Ils savent qu'ils Lui appartiennent, qu'ils ne sont que Ses faibles serviteurs. Il sont convaincus qu'ils retourneront à Lui pour être jugés et qu'ils sont soumis à Son décret et Sa législation. Ils comprennent qu'ils n'ont nulle part où Le fuir et qu'ils n'ont aucun moyen de Lui échapper.

---

1 Sourate La Vache, verset 156

3- Se remettre à vouer son culte exclusivement à Allah, exalté soit-Il.

En effet, pour réprimer l'épreuve, la seule solution possible consiste à recourir à Lui. La disparition de l'affliction ne dépend de personne d'autre que Lui.

« Et si Allah fait qu'un malheur te touche, nul autre que Lui ne peut l'enlever... »[1]

« Quand ils montent en bateau, ils invoquent Allah, Lui vouant exclusivement leur culte. »[2]

4- Revenir repentant vers Allah, exalté soit-Il, en dirigeant son cœur vers Lui.

« Et quand un malheur touche l'homme, il appelle son Seigneur en se tournant vers Lui. »[3]

Note de l'équipe de traduction :

Ibn Al-Qayyim explique dans *Madarij Al-Salikin* :

« La pénitence comprend quatre éléments :

- L'amour d'Allah
- La soumission à Allah
- Se tourner vers Allah
- Tourner le dos à tout ce qui est en dehors d'Allah.

---

1 Sourate Les Bestiaux, verset 17

2 Sourate L'Araignée, verset 65

3 Sourate Les Groupes, verset 8

Ne peut être considéré comme « pénitent » que celui qui réunit ces quatre conditions. Les définitions de ce terme par les Salafs tournent autour de ces éléments. Ce mot fait également référence aux notions de hâte, de retour et de primauté. Ainsi, le pénitent s'empresse d'accomplir ce qui satisfait son Seigneur, revenant vers Lui à tout moment et en se préoccupant en priorité de ce qu'Il aime. »

5- Faire preuve de soumission et invoquer

« Quand un malheur touche l'homme, il Nous invoque. »[1]

« Et quand le mal vous touche en mer, ceux que vous invoquiez en dehors de Lui se perdent. »[2]

« C'est plutôt à Lui que vous vous en remettrez. Puis, Il dissipera, s'Il veut, l'objet de votre appel et vous oublierez ce que vous [Lui] associez. »[3]

« Dis : « Qui vous délivre des ténèbres de la terre et de la mer ? ». Vous l'invoquez humblement et en secret : « S'Il nous sauve de ceci, nous serons du nombre des reconnaissants. » Dis : « C'est Allah qui vous en délivre ainsi que de toute angoisse. Pourtant, vous Lui donnez des associés ». »[4]

Note de l'équipe de traduction :

Al-Khattabi a dit dans *Sha'n Al-Du'a* :

---

1 Sourate Les Groupes, verset 49

2 Sourate Le Voyage Nocturne, verset 67

3 Sourate Les Bestiaux, verset 41

4 Sourate Les Bestiaux, versets 63-64

« La signification de l'invocation réside dans le fait que les serviteurs demandent l'aide et l'assistance continuelle de Leur Seigneur. Son essence se traduit par le besoin d'Allah, par l'incapacité de changer quoique ce soit et par l'absence de force, de pouvoir et de capacité. Ces caractéristiques prouvent et illustrent la servitude. L'invocation fait également référence à l'éloge d'Allah ainsi qu'au fait de Lui attribuer générosité et grâce. ».

6- Faire preuve d'indulgence

« Abraham était certes plein de sollicitude et indulgent. »[1]

« Nous lui fîmes donc la bonne annonce d'un garçon (Ismaël) longanime. »[2]

Note de l'équipe de traduction :

Al-Raghib dit dans *Al-Mufradat* :
« [L'indulgence] désigne le fait parvenir à maîtriser son âme et son tempérament lorsque la rage monte. ».

Al-Jahiz a dit dans *Tahdhib Al-Akhlaq* :
« C'est délaisser la vengeance pendant une colère extrême, malgré la capacité de pouvoir se venger ».

Al-Jurjani explique dans *Al-Ta'rifat* : « C'est le fait de garder son calme pendant la colère. »

Ibn Hibban a dit dans *Rawdat Al-'Uqala* :
« Cela consiste à empêcher l'âme de tomber dans l'inter-

1 Sourate Le Repentir, verset 9
2 Sourate Les Rangés, verset 101

dit au moment où quelque chose qui lui déplait se produit. C'est la réunion de la connaissance, de la patience, de la mesure, de l'examen et de la circonspection. [...] Si l'indulgence n'avait aucun autre mérite que celui d'empêcher la réalisation d'un péché ou la survenue d'un acte répugnant, cela suffirait à la rendre obligatoire pour celui doué de raison chaque fois qu'il a l'opportunité de l'accomplir. [...] Que celui doué d'intelligence se rappelle, quand il s'énerve, qu'Allah fait preuve d'indulgence à son égard malgré ses nombreux péchés et ses transgressions fréquentes. Cela devrait alors l'amener à faire preuve d'indulgence à son tour et à éviter que sa colère ne le fasse tomber dans le péché. [...] Si l'indulgence possédait des parents, l'un serait l'intelligence et l'autre le silence."

Al-Mawardi, explique dans *Adab Al-Dunya wa Al-Din* : « L'indulgence demeure l'une des qualités les plus nobles. Elle fait partie des traits de caractère qui méritent le plus d'être détenus par la personne sage et perspicace. Elle permet de préserver l'honneur, de se mettre à l'abri des troubles et de l'inquiétude. Elle attire le respect et les éloges. ».

Le Prophète (paix sur lui) a dit [à Ashaj 'Abd Al-Qays] : ***« Tu possèdes deux qualités qu'Allah aime : l'indulgence et la mesure.*** »[1]

Les degrés d'indulgence varient en fonction de l'ampleur de l'épreuve. Se montrer indulgent lorsque les plus grandes afflictions surviennent fait partie de ses meilleures formes.

7- Pardonner à la personne qui a causé l'épreuve

« Qui dépensent dans l'aisance et dans l'adversité, qui

1 Rapporté par Muslim

dominent leur rage et pardonnent à autrui »[1]

« Mais quiconque pardonne et réforme, son salaire incombe à Allah. »[2]

Pardonner suite après avoir vécu les épreuves les plus difficiles fait partie des plus hauts degrés du pardon.

Note de l'équipe de traduction :

Ibn Hibban a dit : « La personne intelligente doit habituer son âme à pardonner aux gens et à délaisser le fait de rendre le mal par le mal. En effet, rien n'éteint mieux un mal que le bon traitement et la bienfaisance. En revanche, rien ne l'exacerbe plus que la vengeance. Que celui qui désire récolter une récompense abondante, un amour pieux et une bonne réputation goûte à l'amertume du combat contre ses pulsions primitives. Qu'il suive le chemin que nous avons mis en relief : renouer les liens rompus, donner lorsqu'on le prive, répondre à l'ignorance par l'indulgence, offrir le pardon face à l'oppression. Tout cela fait partie des plus grandes valeurs et des meilleures manières du pratiquant. ».

8- Patienter et faire preuve d'endurance face à l'épreuve.

Cela mène à l'amour d'Allah et à l'augmentation de Ses récompenses.

« Et Allah aime ceux qui sont endurants. »[3]

« Ceux qui font preuve d'endurance auront leur pleine

1 Sourate La Famille de 'Imran, verset 134

2 Sourate La Consultation, verset 40

3 Sourate La Famille de 'Imran, verset 146

récompense sans compter. »[1]

Le Messager d'Allah (paix sur lui) a dit :
« Personne n'a reçu de don meilleur et plus global que la patience. »[2]

Note de l'équipe de traduction :

Al-Raghib a dit : « [La patience] C'est retenir l'âme conformément à la Législation et la raison. »

Al-Jahiz a dit qu'il s'agit d'une qualité composée de courage et de sobriété.

Selon Al-Manawi, c'est la capacité à faire face à des situations préoccupantes et douloureuses, physiquement et mentalement. C'est empêcher l'âme de tomber dans la désolation et le mécontentement, éviter que la langue glisse vers la plainte et ne pas laisser les membres devenir hors de contrôle. Cela consiste à faire preuve de fermeté dans le respect des lois d'Allah en toute circonstance et à affronter l'adversité avec le meilleur comportement.

Ibn Hibban a dit : « Celui qui est doué de raison, doit obligatoirement débuter par une adhésion profonde à la patience dès l'arrivée de l'épreuve. Lorsqu'il y parvient, il doit alors continuer son voyage vers la station de la satisfaction. Celui qui n'a pas reçu le don de la patience doit entrainer son ego à la pratiquer, car elle représente la première étape sur le chemin du contentement. D'ailleurs, la noblesse ne se trouve jamais très loin d'un homme affublé de ce don. En effet, la patience se situe à la base de tout bien et représente le fondement de chaque acte d'obéissance. Les stations qui mènent

1 Sourate Les Groupes, verset 10
2 Rapporté par Al-Bukhari & Muslim

à elle sont la préoccupation, le réveil, l'examen et la circonspection. Après la patience vient la satisfaction et c'est là le sommet des stations spirituelles. La patience apparaît dans trois situations : face au péché, dans l'obéissance et face aux épreuves et à l'adversité. »

9- Ressentir de la joie lors de la survenue de l'affliction en raison des nombreux bienfaits qu'elle contient.

Le Messager d'Allah (paix sur lui) a dit : ***« Par Celui qui tient mon âme dans Sa Main, ils [les vertueux] montreront de la joie à l'arrivée d'une épreuve comme vous montrez de la joie en période de calme. »***[1]

Ibn Mas'ud a dit : « Comme m'étonnent les deux honnis : la mort et la pauvreté ! »[2]

Ils montrèrent de la joie à l'arrivée d'une épreuve, car ils savaient avec certitude que sa pénibilité demeure insignifiante comparée à ses fruits et ses bienfaits. Cette situation ressemble à celle de celui qui a guéri d'une maladie sévère après avoir bu un remède au goût infect.

Le Prophète (paix sur lui) a dit : ***« Allah vous éprouve dans le but de vous purifier, de la même manière qu'on purifie l'or avec le feu. Certains parmi vous en ressortent comme l'or pur. Tel est celui qu'Allah a préservé des mauvaises actions. Certains parmi vous en ressortent comme l'or de qualité moyenne. Tels sont ceux qui tombent dans un certain degré de doute. Certains parmi vous en ressortent comme l'or noir. Ce sont ceux qui ont cédé face à***

1 Rapporté par Ibn Majah. Authentifié par Al-Albani.

2 Rapporté par Abu Nu'aym, Al-Hilyah

l'épreuve. »[1]

'Ali a dit : « Ô fils d'Adam ! Ne te réjouis pas dans l'aisance et ne désespère pas dans la pauvreté. Ne te décourage pas quand l'épreuve arrive et ne t'enchante pas lorsque la prospérité apparaît, car le feu purifie l'or et les afflictions purifient les vertueux. Tu n'atteindras jamais ce que tu vises sauf si tu délaisses ce que tu désires. Tu n'obtiendras pas ce à quoi tu aspires sans recourir à la patience. Déploie tous tes efforts vers l'accomplissement rigoureux des devoirs qui te sont obligatoires. ».

10- Se montrer reconnaissant au moment de l'épreuve en raison des nombreux bienfaits qu'elle contient.

Cette réaction est similaire à celle du malade qui remercie son médecin de lui avoir amputé un membre pour lui sauver la vie, malgré le handicap relatif qu'il subit désormais.

Note de l'équipe de traduction :

Ibn Al-Qayyim a dit : « La gratitude consiste à exposer les effets des bienfaits d'Allah par la langue à travers l'éloge et la reconnaissance; par le cœur à travers le témoignage et l'amour; par les membres à travers la soumission et l'obéissance. »

Al-Fairozabadi a dit : « La gratitude repose sur cinq piliers : se soumettre à Celui qui a attribué les bienfaits, L'aimer, reconnaître Ses bienfaits, Le louer pour cela et ne les utiliser d'aucune façon qui pourrait Lui déplaire. ».

---

1 Rapporté par Al-Bayhaqi. Authentifié par Al-Hakim & Al-Dhahabi

Ibn Hajar a dit dans *Fath Al-Bari* : « La gratitude englobe la patience dans l'obéissance et l'éloignement de la désobéissance. Certains Imams ont affirmé que la patience implique nécessairement la gratitude sans quoi elle ne peut aboutir et vice-versa. Donc si l'un manque, l'autre disparait. Quiconque se trouve dans une situation de prospérité doit donc obligatoirement faire preuve de patience et de gratitude et patienter face à la désobéissance. Quiconque se trouve dans un état d'affliction doit également obligatoirement patienter et se montrer reconnaissant. Il doit prouver sa gratitude en respectant les droits d'Allah pendant l'épreuve. En effet, la servitude est due à Allah en période de difficultés comme en période de confort. »

11- L'expiation des péchés et des fautes.

« Tout malheur qui vous atteint est dû à ce que vos mains ont acquis. Et Il pardonne beaucoup. »[1]

Le Messager d'Allah (paix sur lui) a dit ***: « Tout ce qui touche le croyant comme fatigue, comme maladie, comme soucis, comme tristesse, comme gêne, comme angoisse, même une épine qui le pique, constitue une expiation de ses péchés par Allah ».***[2]

12- Montrer de la miséricorde aux affligés et les secourir.

[On rapporte que 'Issa (paix sur lui) a dit :]

« Les gens se situent soit dans le confort et l'aisance, soit dans l'épreuve. Alors, soit clément envers les affligés et remer-

1 Sourate La Consultation, verset 30

2 Rapporté par Al-Bukhari & Muslim

cie Allah pour le bien-être dans lequel tu te trouves. »[1]

[Le poète a dit :]
« Seul celui qui a déjà aimé est miséricordieux envers les amoureux. »

13- Comprendre la splendeur des bienfaits du confort et du bien-être.

En effet, la juste valeur de ces grâces n'apparaît que lorsqu'on les perd.

14- Prendre conscience des récompenses dans l'au-delà qu'Allah, exalté soit-Il, a fait résulter de ces bienfaits.

15- Réaliser les nombreux profits que l'épreuve contient.

« ... il se peut que vous ayez de l'aversion pour une chose où Allah a déposé un grand bien »[2]

« Or, il se peut que vous ayez de l'aversion pour une chose alors qu'elle vous est un bien. »[3]

« Ceux qui sont venus avec la calomnie sont un groupe d'entre vous. Ne pensez pas que c'est un mal pour vous, mais plutôt, c'est un bien pour vous. »[4]

---

1 Rapporté par Malik
2 Sourate Les Femmes, verset 19
3 Sourate La Vache, verset 216
4 Sourate La Lumière, verset 11

Lorsque le roi tyrannique enleva Sarah à Ibrahim (paix sur lui), on lui confia ensuite Hajar comme servante. Cet évènement constitue l'un des bienfaits de cette épreuve, car elle porta Isma'il, de qui descend le maître des Messagers et le Sceau des Prophètes (paix sur lui). Observe et vois l'immensité du bénéfice caché qui a découlé de cette affliction.

Il a été dit :

Combien sont nombreux les bienfaits cachés
Par le voile des calamités

Un autre a dit :

Peut-être que les choses détestables, haïssables,
Contiennent de nombreux bienfaits d'Allah

16- Les épreuves et les difficultés préservent de la malfaisance, de la vanité, de la vantardise, de l'arrogance, de l'ostentation et du fait d'oppresser les autres.

Si Nemrod avait été faible et pauvre, sourd et aveugle, il n'aurait jamais débattu avec Ibrahim au sujet de son Seigneur. C'est au contraire sa souveraineté qui le trompa tel qu'Allah l'a expliqué :

"N'as-tu pas su (l'histoire de) celui qui, parce qu'Allah l'avait fait roi, argumenta contre Abraham au sujet de son Seigneur ?"[1]

De même, si Pharaon avait vécu ce genre d'épreuves, il n'aurait jamais dit :

1 Sourate La Vache, verset 258

« C'est moi votre Seigneur, le très haut »[1]

Allah, exalté soit-Il a dit :

« Mais ils ne furent vindicatifs que parce qu'Allah — et Son messager — les a enrichis par Sa grâce. »[2]

« Prenez-garde ! Vraiment, l'homme devient rebelle dès qu'il estime qu'il peut se suffire à lui-même (à cause de sa richesse). »[3]

« Si Allah attribuait Ses dons avec largesse à [tous] Ses serviteurs, ils commettraient des abus sur la terre »[4]

« Les injustes persistaient dans le luxe (exagéré) dans lequel ils vivaient »[5]

« Nous les aurions abreuvés, certes, d'une eau abondante, afin de les y éprouver. »[6]

« Et Nous n'avons envoyé aucun avertisseur dans une cité sans que ses gens aisés n'aient dit : « Nous ne croyons pas au message avec lequel vous êtes envoyés ». »[7]

C'est pour ces grands bienfaits que les plus éprouvés furent les Prophètes, puis les vertueux, puis les plus proches d'eux. Ils furent accusés de folie, de magie ou de voyance. Ils furent moqués et tournés en ridicule.

---

1 Sourate Les Anges qui arrachent les âmes, verset 24
2 Sourate Le Repentir, verset 74
3 Sourate L'Adhérence, versets 6-7
4 Sourate La Consultation verset 27
5 Sourate Hud, verset 116
6 Sourate Les Jinns, versets 16-17
7 Sourate Saba, verset 34

« Ils endurèrent alors avec constance d'être traités de menteurs et d'être persécutés »[1]

Il nous a été dit :

« Pensez-vous entrer au Paradis alors que vous n'avez pas encore subi des épreuves semblables à celles que subirent ceux qui vécurent avant vous ? Misère et maladie les avaient touchés ; et ils furent secoués jusqu'à ce que le Messager, et avec lui, ceux qui avaient cru, se fussent écriés : « Quand viendra le secours d'Allah ? » — Quoi ! le secours d'Allah est sûrement proche. » [2]

« Très certainement, Nous vous éprouverons par un peu de peur, de faim et de diminution de biens, de personnes et de fruits. Et fais la bonne annonce aux endurants. »[3]

« Certes vous serez éprouvés dans vos biens et vos personnes ; et certes vous entendrez de la part de ceux à qui le Livre a été donné avant vous, et de la part des polythéistes, beaucoup de propos désagréables. »[4]

Les Compagnons furent expulsés de leurs maisons et de leurs terres. Ils furent forcés de fuir en laissant leurs biens derrière eux.

Leurs épreuves se succédaient, toutes plus intenses les unes que les autres. Leurs ennemis grandissaient en nombre, au point qu'ils furent parfois dominés et vaincus. Plusieurs d'entre eux trouvèrent la mort à Uhud ainsi qu'à d'autres en-

---

1 Sourate Les Bestiaux, verset 34

2 Sourate La Vache, verset 214

3 Sourate La Vache, verset 155

4 Sourate La Famille de 'Imran, verset 186

droits et durant d'autres batailles.

Le Messager d'Allah (paix sur lui) fut blessé au visage et l'une de ses molaires fut cassée. Son casque s'écrasa contre les flancs de sa tête et se fendit au point d'exposer son crâne. Ses ennemis se réjouirent et ses alliés désespérèrent.

Durant la Bataille de la Tranchée, l'épreuve les ébranla à tel point que :

« Les croyants furent alors éprouvés et secoués d'une dure secousse. »[1]

« Les regards étaient troublés, et les cœurs remontaient aux gorges »[2]

Ils vécurent dans un état constant de peur, de misère et de pauvreté. Ils furent forcés d'attacher des pierres à leur ventre pour soulager la douleur de la faim.

Le maître des premiers et des derniers n'a jamais mangé du pain à satiété deux fois dans la même journée.[3]

On l'offensa de différentes manières, jusqu'à remettre en cause la chasteté de son épouse bien-aimée.

Puis, vers la fin de sa vie, il fut éprouvé avec la venue de Musaylimah, Tulayhah et Al-'Ansi.[4]

Quand il mourut, son armure était en gage chez un juif

1 Sourate Les Coalisés, verset 11

2 Sourate Les Coalisés, verset 10

3 Rapporté par Muslim

4 Note de l'équipe de traduction : il s'agit de trois personnes qui se réclamèrent de la prophétie

pour trente sa' de blé.[1]

Les Prophètes et les vertueux ont de tout temps fait face à des épreuves et des afflictions. Chacun d'entre eux fut éprouvé à hauteur de sa religion. Certains furent sciés en deux, mais cela ne les fit pas renier leur foi.

Le Messager d'Allah (paix sur lui) a dit : ***« L'exemple du croyant ressemble à la plante : le vent est toujours en train de la faire pencher d'un côté ou d'un autre. Le croyant est, de la même manière, sans cesse éprouvé par les afflictions. »***[2]

« L'exemple du croyant est telle la tige d'une plante tendre et fraîche. Le vent la penche parfois, la renverse d'autres fois ou la redresse jusqu'au moment où elle fane puis meurt. »[3]

L'affliction et la souffrance amènent le serviteur à se tourner vers Allah, Le Tout-Puissant, Le Très-Grand.

Le confort, le bien-être et les bienfaits poussent le serviteur à s'éloigner d'Allah, exalté soit-Il.

« Et quand le malheur touche l'homme, il fait appel à Nous, couché sur le côté, assis, ou debout. Puis quand Nous le délivrons de son malheur, il s'en va comme s'il ne Nous avait point implorés pour un mal qui l'a touché. »[4]

C'est pourquoi ils mangèrent peu et se vêtirent modestement. Ils purent ainsi demeurer dans un état qui les menait à

---

1 Rapporté par Al-Bukhari
2 Rapporté par Al-Bukhari & Muslim
3 Rapporté par Al-Bukhari & Muslim
4 Sourate Yunus, verset 12

Allah, Le Tout-Puissant, Le Très-Grand et se dévouer à Lui.

Note de l'équipe de traduction :

Al-Manawi dit dans *Fayd Al-Qadir* :
« Al-Ghazali a dit : « Si tu constates qu'Allah, Le Tout-Puissant et Le Très-Grand, te retient ce bas monde et t'éprouve fréquemment par l'adversité et les difficultés, sache que tu possèdes un grand statut auprès de Lui. Sache qu'il te traite comme il a traité Ses alliés et Ses élus et qu'Il veille sur toi. N'as-tu pas entendu Sa parole :

« **Et supporte patiemment la décision de ton Seigneur. Car en vérité, tu es sous Nos yeux.** »[1]

Prends donc conscience de cette immense faveur dont tu jouis. » »

17- Se montrer satisfait et content de l'épreuve de telle manière que cela mène à la satisfaction d'Allah, exalté soit-Il.

En effet, les épreuves affligent à la fois le vertueux et le pécheur. Donc celui qui se montre insatisfait à leur arrivée ne récolte que misère et dépit dans cette vie et dans l'au-delà. En revanche, quiconque se montre content et satisfait récolte la satisfaction d'Allah et cela possède encore plus de valeur que le Paradis et ce qu'il contient. Allah n'a-t-Il pas dit :

« **Aux croyants et aux croyantes, Allah a promis des jardins sous lesquels coulent les ruisseaux, pour qu'ils y demeurent éternellement, et des demeures excellentes,**

---

1 Sourate Al-Tur, verset 48

aux jardins d'Eden [du séjour permanent]. Et la satisfaction d'Allah est plus grande encore, et c'est là l'énorme succès. »[1]

Note de l'équipe de traduction :

« Al-Rida » signifie : le contraire du dépit et de l'insatisfaction.

Al-Jurjani a dit que cela fait référence à la joie du cœur lorsque le décret s'accomplit.

Ibn Al-Qayyim explique que cela désigne la tranquillité du cœur face aux vicissitudes du décret ainsi que la certitude qu'Allah ne veut que le bien à travers elles.

Ibn Rajab a dit dans *Jami' Al-'Ulum wa Al-Hikam* :
« La satisfaction est recommandée alors que la patience est obligatoire. La patience consiste à empêcher l'âme de ressentir et de montrer du mécontentement ou de l'insatisfaction lorsqu'elle détecte de la souffrance suite à l'épreuve et qu'elle désire la voir disparaitre. La satisfaction représente un déploiement du cœur face à l'épreuve, une acceptation totale du décret divin et l'absence de désir de la voir disparaitre. Telle est la différence entre la patience et le contentement. Lorsque la souffrance se présente, le contentement la diminue grâce à la certitude et la connaissance qui se sont enracinées dans le cœur. La souffrance peut même finir par disparaitre complètement au fur et à mesure que le contentement se renforce. »

Al-Bayhaqi rapporte qu'Ibn Mas'ud a dit :
« Le contentement consiste à ce que tu ne cherches pas à plaire aux gens au prix de déplaire à Allah et que tu ne fasses

1 Sourate Le Repentir, verset 72

l'éloge de personne à propos de la subsistance qu'Allah t'a donné. L'attribution de la subsistance ne dépend pas du désir de quelqu'un et sa retenue ne dépend pas de l'hostilité d'un autre. C'est Allah qui, à travers Son savoir et Sa justice, a installé la joie et le soulagement dans la certitude et le contentement. Il a placé l'inquiétude et le désespoir dans le doute et l'insatisfaction. ».

Voilà les quelques éléments qui me sont venus à l'esprit concernant les bienfaits des épreuves.

Nous demandons à Allah qu'Il nous pardonne et nous donne bien-être dans ce monde et dans l'au-delà.

Puisse Allah nous accorder d'agir selon ce qu'Il aime et ce qui Le satisfait.

Paix et bénédictions sur Muhammad, sa famille et ses Compagnons.

Allah nous suffit et quel excellent Gestionnaire de nos affaires !

Partie 2 :

Les bienfaits de l'épreuve selon l'imam Ibn Al-Qayyim

Biographie de l'auteur

Il est l'imam, le Hafidh, l'exégète, le juriste, Shaykh Al-Islam : Abu 'Abdullah Shams Al-Din Muhammad Ibn Abu Bakr, plus connu sous le nom de Ibn Qayyim Al-Jawziyyah.

Il est né le 7 du mois de Safar de l'année 691 du calendrier Hégirien, dans le village de Zar', près de Damas en Syrie.

Il grandit au sein d'une famille noble et éduquée. Dès son plus jeune âge, il s'attela à l'apprentissage des sciences islamiques auprès des savants de son époque.

Al-Hafidh Ibn Rajab décrit sa soif de connaissance dans son livre *Dhayl Tabaqat Al-Hanabilah* : « Il éprouvait un amour intense pour le savoir, les livres et les écrits. ».

Ibn Kathir dit dans *Al-Bidayah wa Al-Nihayah* : « Il acquit le savoir à partir de livres que les autres n'ont pas pu obtenir. Il développa une compréhension profonde des ouvrages des Salafs et des Khalafs. »

Voici quelques-uns de ses enseignants :

- Shihab Al-Nablusi
- Qadi Taqi Al-Din Ibn Sulayman auprès de qui il étudia le hadith
- Qadi Badr Al-Din Ibn Jama'ah
- Safi Al-Din Al-Hindi
- Isma'il Ibn Muhammad Al-Harrani de qui il prit le fiqh et les fondements
- Son père qui lui enseigna les lois de l'héritage

Son enseignant le plus notable fut toutefois Shaykh Al-Islam Ibn Taymiyyah qu'il accompagna pendant seize ans.

Al-Hafidh Ibn Kathir a dit : « Il atteint une profonde maîtrise de nombreuses branches du savoir, en particulier l'exégèse, le hadith et les fondements. Lorsque shaykh Taqi Al-Din Ibn Taymiyyah revint d'Égypte en 712H. Il demeura auprès de lui jusqu'à ce qu'il décède. Il prit de lui une grande part de la science, en plus de ce qu'il avait déjà appris par lui-même. Il devint donc un savant d'exception dans plusieurs domaines du savoir. ».

Nombreux sont ses étudiants et ses contemporains qui ont témoigné de sa noblesse de caractère et de sa piété.

Ibn Rajab rapporte : « Il, qu'Allah lui fasse miséricorde, demeurait constamment en adoration. Il accomplissait la prière de nuit. Il prolongeait ses prières et ses adorations autant qu'il pouvait. Il évoquait constamment Allah et éprouvait un amour intense pour Lui. Il aimait également profondément le repentir envers Allah, s'humiliant devant Lui à travers un sens prononcé de la soumission et de l'impuissance. Il se jeta à corps perdu dans la piété et la servitude. Je n'ai jamais vu quelqu'un de semblable à lui dans ce domaine. ».

Ibn Kathir a dit : « Il implorait et faisait appel constamment à son Seigneur. Il possédait une belle récitation et un comportement éminent. Il était rempli d'amour. Il n'a jamais cultivé de jalousie ou de malveillance envers qui que ce soit. Il ne cherchait jamais à nuire ou à déceler les erreurs des autres. Je faisais partie de ceux qui se trouvaient le plus souvent en sa compagnie et je fus l'un de ceux qu'il aimait le plus parmi les gens. Je ne connus personne de meilleur que lui dans l'adoration à son époque. Ses prières se prolongeaient par de longues inclinaisons et prosternations. Ses pairs le critiquaient à ce sujet, mais il ne répliquait jamais ni n'abandonna cette pratique. Qu'Allah lui fasse miséricorde. ».

Parmi ses élèves les plus célèbres, on trouve :

- Ibn Kathir
- Al-Dhahabi
- Ibn Rajab
- Ibn 'Abd Al-Hadi
- Ses deux fils Ibrahim et Sharafu Al-Din 'Abdullah

Ibn Al-Qayyim fut l'auteur de soixante travaux. Ses livres et ses écrits se caractérisaient par leurs capacités à atteindre le cœur et l'âme. Il se distinguait par son style précis, ses arguments forts et ses recherches profondes.

Dans le domaine du fiqh et des fondements, on peut citer les ouvrages suivants :

- *I'lim Al-Muwaqqihin*
- *Turuq Al-Hukmiyyah*
- *Ighathatu Al-Lahfan*
- *Tuhfatu Al-Mawlud*
- *Ahkam Ahl Al-Dhimmah*
- *Al-Furusiyyah*

Dans le domaine de la croyance :

- *Ijtima' Al-Juyush Al-Islamiyyah*
- *Al-Sawa'iqu Al-Mursalah*
- *Shifa Al-'Alil*
- *Hadiy Al-Arwah*
- *Al-Kafiyat Al-Shafiyah*
- *Kitab Al-Ruh*

Dans le domaine du comportement et de la purification :

- *Madarij Al-Salikin*
- *Al-Da wa Al-Dawa*
- *Al-Wabil Al-Sayyib*
- *Al-Fawa'id*
- *Rissalat Al-Tabukiyyah*
- *Miftah Dar Al-Sa'adah*
- *'Uddat Al-Sabirin*

Dans les sciences du Coran :

- *Al-Tibyan fi Aqsam Al-Qur'an*
- *Amthal Al-Qur'an*

Dans la langue et les sujets divers :

- *Bada'i Al-Fawa'id*

Voici quelques paroles d'illustres savants à son sujet :

Ibn Rajab a dit : « Il avait une profonde connaissance de l'exégèse et des fondements de la religion, atteignant les plus hauts rangs de ces domaines. Ce fut également le cas en ce qui concerne les sciences du hadith et notamment la compréhension du sens des textes, de leurs subtilités et la déduction de loi à partir d'eux. Il possédait une grande maîtrise de la jurisprudence et de ses fondements ainsi que de la langue arabe. Il apporta beaucoup à ces sciences. Il fut également un fin connaisseur de la rhétorique, de la grammaire et de la poésie. Il disposait d'un regard averti sur les finesses et les détails que renfermaient les paroles des gens du tassawwuf. »

Al-Hafidh Ibn Hajar a dit : « Et si le shaykh Taqi Al-Din [Ibn Taymiyyah] n'avait pour seul mérite que son célèbre élève, shaykh Shams Al-Din Ibn Qayyim Al-Jawziyyah – l'auteur de nombreux travaux dont ont bénéficié à la fois ses partisans et ses opposants – cela suffirait comme preuve de son [Ibn Taymiyyah] rang immense. »

Al-Hafidh Ibn Nasir Al-Dimashqi a dit : « Il était doté de la connaissance des sciences, en particulier l'exégèse et les fondements. »

Al-Suyuti a dit : « Ses livres restent inégalés. Il travailla dur et devint l'un des grands imams de l'exégèse, du hadith, du Livre, de la Sunnah, des branches de la religion et de la langue arabe. »

'Ali Al-Qari a dit : « Il apparaîtra clairement à quiconque aspire à lire le commentaire de *Manazilu Al-Sa'irin [Madarij Al-Salikin]*, qu'ils [Ibn Taymiyyah et Ibn Al-Qayyim] font partie de l'élite des Gens de la Sunnah et du Consensus et se situent parmi les Alliés de cette Communauté. »

Qadi Burhan Al-Din Al-Zur'a a dit : « Il n'y a personne qui, sous les cieux, possède un savoir plus étendu que le sien. ».

L'imam Ibn Al-Qayyim décéda à l'âge de soixante ans, la treizième nuit du mois de Rajab de l'an 751 H. Qu'Allah lui fasse miséricorde.

Shaykh Al-Islam, Al-Hafidh Ibn Al-Qayyim a dit[1] :

La félicité complète se trouve dans la Vraie Religion, à travers son application par la parole et les actes. Ceux qui suivent cette religion sont ceux qui ont atteint le bonheur tel qu'Allah, exalté soit-Il, l'a dit :

« Guide-nous vers le chemin droit ; le chemin de ceux que Tu as comblés de Tes faveurs, non pas de ceux qui ont encouru Ta colère ni des égarés. »[2]

« Ceux-là sont sur le bon chemin de leur Seigneur, et ce sont eux qui réussissent »[3]

« Puis, si jamais un guide vous vient de Ma part, quiconque suit Mon guide ne s'égarera ni ne sera malheureux. »[4]

« Toutes les fois que Je vous enverrai un guide, ceux qui [le] suivront n'auront rien à craindre et ne seront point affligés ».[5]

« Les bons seront, certes, dans un [jardin] de délice, et les libertins seront, certes, dans une fournaise »[6]

Tous les Messagers se sont accordés sur une promesse : ceux qui suivent la guidance et accomplissent de bonnes œuvres vivront un bonheur parfait dans l'au-delà ; les mécréants et les pécheurs finiront dans le tourment de la vie d'après. Cepen-

1 Ibn Al-Qayyim, *Ighathat Al-Lahfan min Masayid Al-Shaytan*
2 Sourate Al-Fatiha, versets 6-7
3 Sourate La Vache, verset 5
4 Sourate Ta-Ha, verset 123
5 Sourate La Vache, verset 38
6 Sourate La Rupture, versets 13-14

dant, il convient que nous mentionnons un point bénéfique.

Les gens voient ou entendent souvent parler des croyants affligés par l'adversité et les difficultés. De même, ils observent des mécréants atteindre des positions d'autorité et obtenir de grandes richesses dans ce monde. Tout cela les amène à croire que le bien-être dans cette vie n'est réservé qu'aux infidèles et que les croyants n'en n'acquièrent qu'une portion.

Ils pensent également que la noblesse et la puissance se réservent aux négateurs ici-bas et aux croyants dans l'au-delà.

Lorsqu'une telle personne, qui a foi en la véracité du Coran, entend des versets comme ceux que nous allons citer, elle pense qu'ils font référence à l'au-delà seulement :

« Or c'est à Allah qu'est la puissance ainsi qu'à Son messager et aux croyants. »[1]

« Et que Nos soldats auront le dessus »[2]

Allah a prescrit :

« Assurément, Je triompherai, Moi ainsi que Mes Messagers. En vérité Allah est Fort et Puissant. »[3]

« Et la fin (heureuse) sera aux pieux »[4]

Cette croyance se renforce d'autant plus chez ce type de personne lorsqu'elle voit les mécréants et les hypocrites vaincre et soumettre les musulmans.

---

1 Sourate Les Hypocrites, verset 8

2 Sourate Les Rangés, verset 173

3 Sourate La Discussion, verset 21

4 Sourate Le Mur d'A'raf, verset 128

Si on lui demande la raison pour laquelle Allah permet que ces choses-là arrivent à Ses alliés, à ses amis bien-aimés, et à ceux qui suivent la vérité, elle répond par l'une des deux explications suivantes.

Si cette personne fait partie de ceux qui croient que les actes d'Allah découlent de la sagesse et du bien, elle répondra en disant qu'Allah agit comme Il veut :

« Il n'est pas interrogé sur ce qu'Il fait, mais ce sont eux qui devront rendre compte [de leurs actes]. »[1]

Si elle ne croit pas que la sagesse et le bien imprègnent les actes d'Allah, elle répondra en disant que cela arrive afin de revivifier la patience et d'atteindre la récompense de l'au-delà. Une récompense infinie ainsi qu'un rang élevé.

Ces deux réponses mettent en avant de nombreux problèmes et interrogations concernant leur croyance. Ces personnes les résolvent à hauteur de leur connaissance, ou parfois même de leur ignorance, des Noms et Attributs d'Allah. Souvent, leurs paroles font bouillonner le cœur d'horreur.

Nous avons assisté à plusieurs incidents qui impliquent ce type de gens. Ils finissaient toujours par accuser le Seigneur, exalté soit-Il, d'oppression pure et simple et d'autres choses qui n'auraient pu provenir que des ennemis d'Allah !

Al-Jahm avait l'habitude d'aller, avec ses fidèles, visiter les lépreux et les affligés. Il leur disait : « Regardez-les ! Est-ce que le Tout-Miséricordieux aurait pu décider de cela ? » en voulant ainsi rejeter l'attribut de la Miséricorde tout comme il avait rejeté l'attribut de la Sagesse.

1 Sourate Les Prophètes, verset 23

Un autre avait pour habitude de dire : « Personne ne nuit plus à la création que Le Créateur. ».

Un autre encore a composé ces vers de poésie :

Si c'est ce traitement qu'il réserve à Ses bien-aimés
Que réserve-t-Il à Ses ennemis ?

Nous avons vu de nombreuses personnes, durant l'épreuve et la difficulté, pleurer en criant : « Mon Seigneur ! Quel péché ai-je commis pour que Tu m'inflige cela ? »

On est plusieurs fois venu me dire : « Quand je me repens à Lui et que j'accomplis de bonnes actions, Il restreint ma subsistance et rend ma vie difficile. Quand je retourne au péché et que je me soumets à mes désirs, la subsistance et le confort viennent aisément à moi. »

Je répondis : « C'est un test de la part d'Allah afin qu'Il observe votre véracité et votre patience. Vous tournez-vous et vous dirigez-vous sincèrement vers Lui ? Pouvez-vous endurer Ses épreuves avec patience afin d'obtenir la victoire ? Ou votre repentir est-il trompeur ? »

Ces pensées et ces propos erronés se fondent sur deux éléments :

Le premier : le serviteur possède une haute opinion de lui-même et de sa pratique religieuse. Il est persuadé qu'il s'est acquitté de ses obligations et qu'il a délaissé ce qui lui était interdit. En plus de cela, il pense que son degrés de pratique est supérieur à celui de son ennemi ou adversaire. Il est convaincu qu'il mérite plus que lui de se réclamer d'Allah et de Son Messager.

Le second : croire qu'Allah, glorifié soit-Il, aurait pu abandonner un fidèle de la Vraie Religion et ne lui attribuer aucun succès en ce monde. Au lieu de cela, Il ne lui aurait donné qu'une vie de soumission et d'oppression, malgré le fait que ce fidèle accomplisse ce qu'Allah lui a ordonné ; intérieurement et extérieurement.

Il n'y a de divinité digne d'adoration qu'Allah !

Combien de serviteurs ignorants, de dévots sans perspicacité et de personnes démunies de science, mais qui se réclament du statut de savant, ont été corrompus par cette tromperie ?

Il est connu que le serviteur, même s'il croit en l'au-delà, aura besoin, par nature, du nécessaire issu de ce bas monde. Il demandera la venue du bien et la diminution du mal.

Si une telle personne pense que suivre la Vraie Religion et s'accrocher fermement au monothéisme et à la Sunna invalident ces besoins naturels, alors en les suivant il sera forcé de traverser un nombre insurmontable d'épreuves. Il aura perdu, à ce moment, tout bienfait temporel. Son désir de suivre la religion s'affaiblira assurément. Il passera du rang des pionniers au rang de ceux qui ont pris une allure moyenne. Il chutera peut-être même au niveau de ceux qui se font du tort à eux-mêmes, voire au rang des hypocrites !

Le Prophète (paix sur lui) a dit :

« Hâtez-vous d'accomplir de bonnes œuvres, car des troubles semblables à la nuit noire vont survenir. L'homme se réveillera musulman puis se couchera mécréant et il se couchera musulman puis se réveillera mécréant. Il vendra

sa foi pour quelques biens de ce bas monde. »[1]

Cela parce que s'il est persuadé qu'en suivant cette religion, sa vie d'ici-bas sera ruinée, qu'il ne connaitra qu'épreuves et afflictions qu'il ne pourra supporter et qu'il manquera toute opportunité d'atteindre ce qu'il désire, alors il cherchera à éviter de se trouver dans cette situation.

Gloire à Allah, loin de Lui toute imperfection ! Combien sont ceux que cette notion erronée a trompés et qui n'ont pas pratiqué leur religion complètement ? Cette pensée naît de l'ignorance de la réalité de cette religion. Elle naît de l'ignorance de la réalité des bienfaits et de la félicité et pousse la personne à tourner le dos à la réalité de la religion et à la recherche du vrai bonheur.

Il est connu que le serviteur ne devient véritablement heureux et comblé que lorsqu'il connait réellement le bonheur qu'il désire, qu'il aime essayer de l'atteindre, qu'il peut définir les actions qui y mènent et qu'il possède la ferme résolution de les accomplir.

Savoir ce que l'on veut ne suffit pas si l'action manque. De même, la résolution ferme ne suffit pas sans patience.

Allah, exalté soit-Il a dit :

« Par le Temps ! L'homme est certes, en perdition, sauf ceux qui croient et accomplissent les bonnes œuvres, s'enjoignent mutuellement la vérité et s'enjoignent mutuellement l'endurance. »[2]

Nous voulons exposer ici deux éléments qui mènent à cette

1 Rapporté par Muslim

2 Sourate Le Temps, versets 1 à 3

notion erronée et qui sont tirés d'une ignorance de l'Ordre d'Allah, de Sa religion, de Sa promesse et de Sa menace. Celui qui croit qu'il accomplit toutes les obligations et qu'il s'écarte de toutes les interdictions, intérieurement et extérieurement, est ignorant de La Vraie Religion. Il ignore le droit suprême d'Allah sur lui et ce les devoirs qui lui incombent d'accomplir. Il est donc ignorant du droit d'Allah sur lui et de ce qu'il possède réellement comme religiosité. S'il est persuadé que l'oppression et l'humiliation sont réservées aux croyants et la victoire aux mécréants et aux hypocrites, alors il ignore également la promesse d'Allah et Sa menace.

Le premier élément fait référence au fait que le délaissement des différents actes obligatoires conduit à un manque de savoir chez la personne. De plus, nombreux sont ceux qui possèdent des lacunes dans les obligations qu'ils accomplissent tout de même et qui finissent parfois par complètement les délaisser.

Ce type de personne abandonne ses devoirs par paresse, négligence, fausse interprétation, suivi aveugle ou parce qu'elle croit faire quelque chose de plus important.

Les obligations du cœur l'emportent sur celles du corps. Pourtant, nombreux sont ceux qui les abandonnent ou les considèrent comme simplement recommandées.

Tu pourras voir une personne pleurer pour avoir manqué une obligation du corps, mais ne pas s'inquiéter d'avoir délaissé une obligation du cœur plus grande encore. Il s'afflige d'avoir commis un péché mineur, mais n'attache aucune importance à l'accomplissement d'un acte bien plus grave !

Combien sont ceux qui délaissent ce qu'Allah leur a ordonné en pensant L'adorer ! Ils renoncent à inviter au bien et à interdire le mal, tout en ayant la capacité de changer ce mal, prétendant qu'ils évitent de se mêler des affaires qui ne les regardent pas.

De telles personnes comptent parmi les pires de la création, même si elles pensent remplir les devoirs de la foi et faire partie des alliés d'Allah !

Combien sont ceux qui adorent Allah tout en commettant ce qu'Il a interdit, pensant ainsi qu'ils se rapprochent de Lui ? Ces gens accomplissent des actes tels qu'écouter la musique, la poésie mélodieuse et utilisent cela pour se rapprocher d'Allah tout en pensant qu'ils sont les alliés du Tout-Miséricordieux !

Combien sont ceux qui croient qu'ils sont opprimés pour leur suivi du droit chemin alors que la réalité est très éloignée de cela ? Ils pourraient peut-être se situer dans le vrai certaines fois, mais se montrer injustes à l'égard des gens d'autres fois, devenant à ce moment eux-mêmes des oppresseurs.

L'amour d'une chose rend aveugle et sourd. Or, l'Homme, par nature, aime sa propre personne et déteste son ennemi. Il verra donc toujours ses qualités mais ne s'attachera qu'aux défauts de son ennemi.

Ce type de perception peut être poussée à l'extrême, au point où l'homme commence à croire que ses mauvaises actions sont en fait bonnes.

« Eh quoi ! Celui à qui on a enjolivé sa mauvaise action au point qu'il la voit belle...? »[1]

---

1 Sourate Le Créateur, verset 8

Il considère les bonnes actions de ses adversaires comme mauvaises, comme le poète l'a dit :

Ils ont observé avec l'œil de l'inimitié, alors qu'ils auraient dû regarder avec l'œil du plaisir
Ils auraient alors considéré comme bon, ce qu'ils ont désigné comme mauvais.

La plupart de ce que les gens prennent comme religion se compose d'habitudes héritées de leurs aïeux et qu'ils suivent aveuglément.

Allah, glorifié soit-Il, n'a garanti la victoire qu'à Ses alliés, ceux qui adhèrent fermement à Sa religion par le savoir et les actes. Il n'a pas garanti la victoire au faux, même si celui qui le suit pense que c'est le vrai.

De même, la noblesse, l'honneur et la suprématie sont réservés à ceux qui sont solidement attachés à la foi avec laquelle Allah a envoyé les Messagers et révélé les Livres. Ils y adhèrent avec science, action et conviction.

« Ne vous laissez pas battre, ne vous affligez pas alors que vous êtes les supérieurs, si vous êtes de vrais croyants. »[1]

« Or c'est à Allah qu'est la puissance ainsi qu'à Son messager et aux croyants. »[2]

Le serviteur reçoit donc suprématie, puissance et honneur en fonction de sa foi et de la concrétisation de ses réalités.

1 Sourate La Famille de 'Imran, verset 139

2 Sourate Les Hypocrites, verset 8

S'il dispose d'un manque dans l'un de ses aspects, cela prouve qu'il existe des lacunes dans les composants de sa foi.

Ces manques se situent dans la science ou dans la pratique, intérieurement ou extérieurement.

Dans le même ordre d'idée, il faut savoir qu'Allah ne défend les croyants qu'en fonction de leur foi.

« **Allah prend la défense de ceux qui croient** »[1]

Donc, si la défense fait défaut de quelque manière que ce soit, c'est à cause de notre propre faiblesse dans la foi.

De même, Allah nous suffit conformément à notre foi :

« **Ô Prophète, Allah et ceux des croyants qui te suivent te suffisent.** »[2]

Ainsi, selon que notre foi augmente ou diminue, le fait qu'Allah nous suffise augmente ou diminue également.

Rappelons que fait partie de la croyance de Gens de la Sunnah et du Consensus que de croire que notre foi augmente et diminue.

La même chose s'applique aux alliés d'Allah :

« **Et Allah est l'allié des croyants** »[3]

« **Allah est le défenseur de ceux qui ont la foi** »[4]

---

1 Sourate Le Pèlerinage, verset 38
2 Sourate Le Butin, verset 64
3 Sourate La Famille de 'Imran, verset 68
4 Sourate La Vache, verset 257

Cela s'applique également concernant le soutien intégral et la victoire :

« **Nous secourrons, certes, Nos Messagers et ceux qui croient, dans la vie présente tout comme au jour où les témoins [les Anges gardiens] se dresseront (le Jour du Jugement)** »[1]

« **Nous aidâmes donc ceux qui crurent contre leur ennemi, et ils triomphèrent.** »[2]

C'est pourquoi, si le serviteur est éprouvé, que ce soit dans son corps, sa santé, ses biens ou dans la défaite contre son ennemi, c'est seulement dû à ses péchés. Cela se produit soit à cause d'un délaissement d'une obligation, soit à cause de l'accomplissement d'un interdit, ce qui constitue une partie de la diminution de sa foi.

C'est en comprenant bien cela qu'on retire toute difficulté à saisir Sa parole suivante :

« **Et jamais Allah ne donnera une voie aux mécréants contre les croyants.** »[3]

Certaines personnes interprètent ce verset comme faisant référence à l'Au-delà alors que d'autres considèrent que c'est une preuve et une clarification de la vérité.

La position correcte consiste à le comprendre de la même manière que les versets cités précédemment. Le vrai croyant complet ne sera jamais vaincu par les mécréants. Cependant, si une faiblesse dans sa foi apparaît, les mécréants trouveront

1 Sourate Le Pardonneur, verset 51

2 Sourate Les Rangs, verset 14

3 Sourate Les Femmes, verset 141

une voie contre lui en fonction de ce manque de foi.

Le croyant demeure noble, victorieux, assisté, supporté et défendu, peu importe où il se trouve. Cela même si toute l'humanité venait à se réunir contre lui, tant qu'il accomplit la pleine réalité de la foi à travers les mots et les actes.

Allah, exalté soit-Il, a dit aux croyants :

« Ne vous laissez pas battre, ne vous affligez pas alors que vous êtes les supérieurs, si vous êtes de vrais croyants. »[1]

« Ne faiblissez donc pas et n'appelez pas à la paix alors que vous êtes les plus hauts, qu'Allah est avec vous, et qu'Il ne vous frustrera jamais [du mérite] de vos œuvres. »[2]

Cette garantie dépend de leur foi et de leurs actions, ces dernières représentant en réalité une armée parmi les armées d'Allah.

Passons maintenant au second élément. Celui-ci concerne la promesse et à la menace.

En effet, nombreux sont ceux qui pensent que lot des croyants dans ce monde n'est qu'humiliation et défaite.

Ces gens ne croient donc pas complètement à la promesse d'Allah de soutenir Sa religion et Ses serviteurs.

Ils pensent que ces promesses sont réservées à un groupe spécifique de gens ou à une période spécifique du temps.

---

1 Sourate La Famille de 'Imran, verset 139

2 Sourate Muhammad, verset 35

Cette réflexion découle d'un manque de confiance dans la promesse d'Allah et d'une compréhension pauvre de Son Livre.

Allah, glorifié soit-Il, a clairement expliqué dans Son Livre qu'Il aidera les croyants dans ce monde et dans celui d'après.

« Nous secourrons, certes, Nos Messagers et ceux qui croient, dans la vie présente tout comme au jour où les témoins [les Anges gardiens] se dresseront (le Jour du Jugement) »[1]

« Et quiconque prend pour alliés Allah, Son messager et les croyants [réussira], car c'est le parti d'Allah qui sera victorieux. »[2]

« Ceux qui s'opposent à Allah et à Son messager seront parmi les plus humiliés. Allah a prescrit : « Assurément, Je triompherai, Moi ainsi que Mes Messagers ». En vérité, Allah est Fort et Puissant. »[3]

De nombreux versets similaires existent dans le Coran. Allah, Glorifié soit-Il, a expliqué que ce que subit le croyant comme épreuves et afflictions est dû à ses péchés. À partir de là, toute difficulté à comprendre ces versets est complètement levée. Aller plus loin dans l'interprétation n'est donc pas nécessaire.

Revenons au premier élément. Allah l'a présenté de nombreuses manières différentes, certaines d'entre elles ayant déjà été mentionnées. Cependant, Il faut savoir qu'Allah condamne également ceux qui cherchent une aide et une élé-

---

1 Sourate Le Pardonneur, verset 51

2 Sourate La Table Servie, verset 56

3 Sourate La Discussion, versets 20-21

vation ailleurs que chez les croyants.

« Ô les croyants ! Ne prenez pas pour alliés les Juifs et les chrétiens ; ils sont alliés les uns des autres. Et celui d'entre vous qui les prend pour alliés devient un des leurs. Allah ne guide certes pas les gens injustes. Tu verras, d'ailleurs, que ceux qui ont la maladie au cœur se précipitent vers eux et disent : « Nous craignons qu'un revers de fortune ne nous frappe. » Mais peut-être qu'Allah fera venir la victoire ou un ordre émanant de Lui. Alors ceux-là regretteront leurs pensées secrètes. Et les croyants diront : « Est-ce là ceux qui juraient par Allah de toute leur force qu'ils étaient avec vous ? » Mais leurs actions sont devenues vaines et ils sont devenus perdants. Ô les croyants ! Quiconque parmi vous apostasie de sa religion... Allah va faire venir un peuple qu'Il aime et qui L'aime, modeste envers les croyants et fier et puissant envers les mécréants, qui lutte dans le sentier d'Allah, ne craignant le blâme d'aucuns blâmeur. Telle est la grâce d'Allah. Il la donne à qui Il veut. Allah est Immense et Omniscient. Vous n'avez d'autres alliés qu'Allah, Son messager, et les croyants qui accomplissent la prière, s'acquittent de la Zakāt, et s'inclinent (devant Allah). Et quiconque prend pour alliés Allah, Son messager et les croyants [réussira], car c'est le parti d'Allah qui sera victorieux. »[1]

« Annonce aux hypocrites qu'il y a pour eux un châtiment douloureux, ceux qui prennent pour alliés des mécréants au lieu des croyants, est-ce la puissance qu'ils recherchent auprès d'eux ? (En vérité) la puissance appartient entièrement à Allah. »[2]

---

1 Sourate La Table Servie, versets 51 à 56

2 Sourate Les Femmes, versets 138-139

« Ils disent : « Si nous retournons à Médine, le plus puissant en fera assurément sortir le plus humble ». Or c'est à Allah qu'est la puissance ainsi qu'à Son messager et aux croyants. Mais les hypocrites ne le savent pas. »[1]

« Quiconque veut la puissance (qu'il la cherche auprès d'Allah), car la puissance tout entière est à Allah : vers Lui monte la bonne parole, et Il élève haut la bonne action »[2]

Cela signifie que quiconque veut la puissance, qu'il la cherche à travers l'obéissance à Allah.

Allah, exalté soit-Il, a également dit :

« C'est Lui qui a envoyé Son messager avec la guidée et la religion de vérité [l'Islam] pour la faire triompher sur toute autre religion. »[3]

« Ô vous qui avez cru ! vous indiquerai-je un commerce qui vous sauvera d'un châtiment douloureux ? Vous croyez en Allah et en Son messager et vous combattez avec vos biens et vos personnes dans le chemin d'Allah, et cela vous est bien meilleur, si vous saviez ! Il vous pardonnera vos péchés et vous fera entrer dans des jardins sous lesquels coulent les ruisseaux, et dans des demeures agréables dans les jardins d'Eden. Voilà l'énorme succès. Et Il vous accordera d'autres choses encore que vous aimez : un secours [venant] d'Allah et une victoire prochaine. Et annonce la bonne nouvelle aux croyants. Ô vous qui avez cru ! Soyez les alliés d'Allah, à l'instar de ce que Jésus fils de Marie a dit aux apôtres : « Qui

1 Sourate Les Hypocrites, verset 8

2 Sourate Le Créateur, verset 10

3 Sourate La Victoire Éclatante, verset 28

sont mes alliés (pour la cause) d'Allah ? » Les apôtres dirent : « Nous sommes les alliés d'Allah ». Un groupe des Enfants d'Israël crut, tandis qu'un groupe nia. Nous aidâmes donc ceux qui crurent contre leur ennemi, et ils triomphèrent. »[1]

Allah, exalté soit-Il, a dit à Jésus (paix sur lui) :

« Ô Jésus, certes, Je vais mettre fin à ta vie terrestre t'élever vers Moi, te débarrasser de ceux qui n'ont pas cru et mettre jusqu'au Jour de la Résurrection, ceux qui te suivent au-dessus de ceux qui ne croient pas. »[2]

Comme les chrétiens ont, d'une certaine façon, suivi Jésus, Allah les a placés au-dessus des juifs jusqu'au Jour de la Résurrection. Comme les musulmans l'ont véritablement suivi, Allah les a placés au-dessus des chrétiens jusqu'au Jour de la Résurrection.

Allah, exalté soit-Il, a dit aux croyants :

« Et si ceux qui ont mécru vous combattent, ils se détourneront, certes ; puis ils ne trouveront ni allié ni secoureur. Telle est la règle d'Allah appliquée aux générations passées. Et tu ne trouveras jamais de changement à la règle d'Allah. »[3]

Cela s'adresse directement aux croyants qui se sont pleinement acquittés des droits de la foi, intérieurement et extérieurement.

Allah, exalté soit-Il, a dit :

---

1 Sourate Les Rangs, versets 10 à 14
2 Sourate La Famille de 'Imran
3 Sourate La Victoire Éclatante, versets 22-23

« Et la fin (heureuse) sera aux pieux »[1]

« La bonne fin est réservée à la piété. »[2]

Référence est faite ici au résultat final dans ce monde, avant l'au-delà. En effet, la même chose a été mentionnée après le récit de l'histoire de Noé et de sa patience, puis de l'aide qu'il a reçue contre son peuple.

Allah, exalté soit-il, dit alors :

« Voilà quelques nouvelles de l'Inconnaissable que Nous te révélons. Tu ne les savais pas, ni toi ni ton peuple, avant cela. Sois patient. La fin heureuse sera aux pieux. »[3]

Cela signifie que la fin victorieuse se réserve à toi et ceux qui te suivent tout comme elle l'a été pour Noé et ceux qui furent avec lui.

De même, Allah dit :

« Et commande à ta famille la prière, et fais-la avec persévérance. Nous ne te demandons point de nourriture, c'est à Nous de te nourrir. La bonne fin est réservée à la piété. »[4]

« Mais si vous êtes endurants et pieux, leur manigance ne vous causera aucun mal. »[5]

« Mais oui ! Si vous êtes endurants et pieux, et qu'ils

---

1 Sourate Le Mur d'A'raf, verset 128
2 Sourate Ta-Ha, verset 132
3 Sourate Hud, verset 49
4 Sourate Ta-Ha, verset 132
5 Sourate La Famille de 'Imran, verset 120

[les ennemis] vous assaillent immédiatement, votre Seigneur vous enverra en renfort cinq mille Anges marqués distinctement. »[1]

« Il dit : « Je suis Joseph, et voici mon frère. Certes, Allah nous a favorisés. Quiconque craint et patiente... Et très certainement, Allah ne fait pas perdre la récompense des bienfaisants ». »[2]

« Ô vous qui croyez ! Si vous craignez Allah, Il vous accordera la faculté de discerner (entre le bien et le mal), vous effacera vos méfaits et vous pardonnera. »[3]

Ici, la faculté de discerner désigne la dignité, le soutien, la victoire et une lumière qui distingue le vrai du faux.

« Et quiconque craint Allah, Il Lui donnera une issue favorable et lui accordera Ses dons par [des moyens] sur lesquels il ne comptait pas. Et quiconque place sa confiance en Allah, Il [Allah] lui suffit. Allah atteint ce qu'Il Se propose, et Allah a assigné une mesure à chaque chose. »[4]

Le Prophète (paix sur lui) a dit : ***« Si les gens avaient agi selon ce verset, il leur aurait suffi. »***[5]

Revenons maintenant au second élément. Allah, exalté soit-Il, a dit :

« Quoi ? Quand un malheur vous atteint — mais vous

---

1 Sourate La Famille de 'Imran, verset 125
2 Sourate Yusuf, verset 90
3 Sourate Le Butin, verset 29
4 Sourate Le Divorce, versets 2-3
5 Rapporté Ahmad & Ibn Majah. Authentifié par Ibn Hibban et Al-Hakim

en avez jadis infligé le double — vous dites : « D'où vient cela ? » Réponds-leur : « Il vient de vous-mêmes ». »[1]

« Ceux d'entre vous qui ont tourné le dos, le jour où les deux armées se rencontrèrent, c'est seulement le diable qui les a fait glisser, à cause d'une partie de leurs (mauvaises) actions. »[2]

« Tout malheur qui vous atteint est dû à ce que vos mains ont acquis. Et Il pardonne beaucoup. »[3]

« La corruption est apparue sur la terre et dans la mer à cause de ce que les gens ont accompli de leurs propres mains ; afin qu'[Allah] leur fasse goûter une partie de ce qu'ils ont œuvré ; peut-être reviendront-ils »[4]

« Et lorsque Nous faisons goûter à l'homme une miséricorde venant de Nous, il en exulte ; mais si un malheur les atteint pour ce que leurs mains ont perpétré..., l'homme est alors très ingrat ! »[5]

« Et quand Nous faisons goûter une miséricorde aux gens, ils en exultent. Mais si un malheur les atteint à cause de ce que leurs propres mains ont préparé, voilà qu'ils désespèrent. »[6]

« Ou bien, Il les détruit en punition de ce qu'ils ont acquis [comme péchés]. Cependant, Il pardonne bea-

1 Sourate La Famille de 'Imran, verset 165
2 Sourate La Famille de 'Imran, verset 155
3 Sourate La Consultation, verset 30
4 Sourate Les Romains, verset 41
5 Sourate La Consultation, verset 48
6 Sourate Les Romains, verset 36

coup. »[1]

« Tout bien qui t'atteint vient d'Allah, et tout mal qui t'atteint vient de toi-même »[2]

C'est pourquoi Allah, glorifié soit-Il, a ordonné à Son Messager (paix sur lui) et aux croyants de suivre La Révélation.

Cela consiste à Lui obéir et à attendre la réalisation de Sa promesse.

Il leur a ordonné d'implorer le pardon et de faire preuve de patience. En effet, le serviteur tombe toujours dans une forme de laxisme ou d'extrémisme. Il doit donc attendre la réalisation de la promesse à travers la patience et perfectionner son adoration à travers l'imploration du pardon.

Allah, exalté soit-Il, a mentionné ces deux éléments dans Sa parole :

« Endure donc, car la promesse d'Allah est vérité, implore le pardon pour ton péché et célèbre la gloire et la louange de ton Seigneur, soir et matin »[3]

Allah, glorifié soit-Il, a mentionné les récits de Ses Prophètes et de ceux qui les ont suivis ainsi que la façon dont ils finirent victorieux à travers la patience et l'obéissance à Son Livre.

« Dans leurs récits, il y a certes une leçon pour les gens doués d'intelligence. »[4]

---

1 Sourate La Consultation, verset 34

2 Sourate Les Femmes, verset 79

3 Sourate Le Pardonneur, verset 55

4 Sourate Yusuf, verset 111

Pour compléter ce point, un certain nombre de principes doivent être assimilés.

1- Le mal, les épreuves et les afflictions touchent plus fortement les mécréants que les musulmans.

L'expérience pratique témoigne de la véracité de ce fait. Dans le même ordre d'idée, les vertueux sont moins affligés dans ce bas monde que les pervers, les criminels et les oppresseurs.

2- Quand les croyants sont touchés par une épreuve, ils s'installent dans un état de contentement et d'espoir de la récompense.

S'ils ne peuvent se montrer satisfaits, alors ils recourent à la patience et à l'espoir d'être récompensé. À ce moment, le fardeau de l'affliction s'allège. Chaque fois qu'ils constatent les résultats de leurs efforts, la difficulté devient plus facile à supporter.

Les mécréants sont incapables d'avoir recours au contentement ou à l'espoir de la récompense. Lorsqu'ils se montrent patients, c'est par la patience des animaux.

Allah, exalté soit-Il, nous informe de cela à travers Ses mots :

« Ne faiblissez pas dans la poursuite du peuple [ennemi]. Si vous souffrez, lui aussi souffre comme vous souffrez, tandis que vous espérez d'Allah ce qu'il n'espère pas. »[1]

1 Sourate Les Femmes, verset 104

Les deux groupes ont souffert, mais les croyants se distinguent par leur espoir en la récompense d'Allah, exalté soit-Il, et par leur rapprochement de Lui.

3- Les croyants sont éprouvés en fonction de leur niveau de foi, de leurs bonnes actions et de leur sincérité.

Le croyant peut supporter des afflictions insupportables pour d'autres. Cela fait partie de la protection qu'Allah a octroyée aux croyants. En effet, Allah retient beaucoup d'épreuves et de difficultés en ce qui concerne Ses serviteurs. Quant aux afflictions qui les touchent, elles ont été allégées et restent à la portée de ce qu'ils peuvent supporter.

4- Plus l'amour s'implante fermement dans le cœur, plus il est facile pour l'amoureux d'endurer l'adversité dans le but de satisfaire son bien-aimé.

En effet, les vrais amoureux se mettent en avant lorsque de telles occasions se présentent en présence de leur bien-aimé. L'un d'entre eux a dit :

Même si tu avais choisi de m'affliger par l'adversité
Je me serais profondément réjoui d'avoir traversé tes pensées

Que peut-on penser alors du plus Grand qui puisse être aimé et dont l'épreuve n'est que pure miséricorde et bienveillance ?

5- Ce que l’on peut observer comme ascendance, puissance et haut statut chez le mécréant, le pervers et l’hypocrite est de loin inférieur à ce qui se trouve chez le croyant.

En effet, les premiers ne gagnent en réalité que disgrâce, humiliation et avilissement, même si les apparences laissent penser le contraire.

Al-Hasan disait : « Malgré l’abondance de chevaux et d’ânes à leur service, l’ignominie du péché réside dans leur cœur et Allah couvrira toujours de honte ceux qui Lui désobéissent. ».

6- L’épreuve est pour le croyant tel un remède.

Elle le débarrasse des maladies qui le ronge avant qu’elles ne le détruisent ou, dans le meilleur des cas, diminuent sa récompense et son rang.

Les calamités et les difficultés retirent ces maladies et préparent le croyant à recevoir une rétribution pleine et un rang élevé.

Dès lors que l’on garde ce principe à l’esprit, on comprend que, pour le croyant, l’existence des afflictions est meilleure que leur absence.

Le Prophète (paix sur lui) a dit :

« Que le sort du croyant est étonnant ! En effet, son sort n’est que du bien — situation dont ne jouit que le croyant — ; s’il remercie Allah pour un bien qu’il acquiert, il en est

récompensé, et s'il endure un malheur qui le frappe, il en est encore récompensé : tout jugement divin qui concerne le musulman lui est bénéfique. »[1]

Les épreuves et les afflictions représentent l'un des moyens par lesquels Allah aide Son serviteur, l'anoblit et le gratifie du bien-être.

C'est pour cette raison que les plus éprouvés des gens sont les Prophètes, puis ceux qui sont les plus proches d'eux, chaque personne étant éprouvée en fonction de sa religion.

Le croyant est éprouvé à tel point qu'il finit par marcher sur la terre sans qu'aucune trace de péché demeure sur lui.

7- Ce que le croyant subit comme épreuves dans ce monde telles que les défaites, la domination de l'ennemi ou les blessures que celui-ci lui inflige constituent des évènements nécessaires et inévitables.

C'est également le cas de la chaleur et du froid extrêmes, des maladies, des soucis et des souffrances. Ces éléments font partie de ce monde et de la nature de la vie de l'Homme. Même les enfants et les animaux y font face tel que la sagesse du Sage l'a déterminé.

Si le mal existait en dehors du bien, le bénéfice en dehors du préjudice et la joie en dehors de la douleur, ce monde aurait été totalement différent. Il lui aurait manqué la sagesse qui englobe tous ces éléments, mélangés les uns aux autres.

L'existence sans mélange de ces éléments ne peut être trou-

1 Rapporté par Muslim

vée que dans une autre demeure :

« Afin qu'Allah distingue le mauvais du bon, et qu'Il place les mauvais les uns sur les autres, pour en faire un amoncellement qu'Il jettera dans l'Enfer. Ceux-là sont les perdants. »[1]

8- Dans le fait que les croyants soient vaincus et dominés par leurs ennemis repose une sagesse immense et profonde que personne ne connait sauf Allah, le Tout-Puissant, le Très-Grand.

Parmi les éléments qui la composent, on peut citer :

Le retour des croyants vers la servitude envers Allah
Le fait qu'ils s'humilient devant Lui
Le fait qu'ils prennent conscience de leur besoin vital de Lui
Le fait qu'ils Lui demandent avec sincérité Son aide pour vaincre leurs ennemis

Si les musulmans ressortaient toujours victorieux et demeuraient les dirigeants de cette terre, ils finiraient certainement par devenir insolents et vaniteux.

Si au contraire ils étaient sans cesse vaincus et dominés, cette religion n'aurait jamais pu s'établir et la vérité n'aurait régné sur aucun endroit.

Le Sage a donc décidé que les musulmans seraient parfois vainqueurs et d'autres fois vaincus.

---

1 Sourate Le Butin, verset 37

Lorsqu'ils sont défaits, ils se tournent vers leur Seigneur en toute humilité, se soumettant à Lui et implorant Son pardon.

Quand ils obtiennent la victoire, ils établissent Sa religion, appellent au bien et interdisent le mal, combattent Ses ennemis et viennent en aide à Ses alliés.

De plus, si les musulmans étaient toujours les vainqueurs, les gens auraient adopté cette religion pour des motifs cachés, autres que le suivi de la religion et du Messager (paix sur lui).

Par contre, si les musulmans étaient sans cesse vaincus, personne n'aurait adopté cette religion.

Le Sage a donc décidé que la souveraineté appartiendrait parfois aux musulmans et pas d'autres fois. Ainsi s'établit un tri entre ceux qui sont sincères envers Allah et Son Messager (paix sur lui) et ceux qui ne le sont pas.

Ajoutons qu'Allah aime que Son serviteur Lui montre son asservissement complet, à la fois en période de difficulté et en période de facilité, à la fois dans le bien-être et dans d'affliction, à la fois lorsqu'il a le pouvoir et lorsqu'il est dominé.

C'est à Allah que la servitude doit être destinée selon les circonstances dans lesquelles chacun se trouve. C'est justement la nature changeante des situations qui permet la servitude parfaite et l'affermissement du cœur.

Le corps, de la même manière, se raffermit à travers l'expérience de la chaleur et du froid, de la faim et de la soif, de la fatigue et du travail ainsi que de leurs opposés. Ces épreuves et afflictions sont donc des prérequis au perfectionnement des serviteurs, à leur consolidation et à la droiture qui est attendue d'eux.

Les épreuves et la domination des ennemis purifient et épurent les musulmans. Allah, exalté soit-Il, a dit à propos de la sagesse qui se trouve dans la défaite des musulmans durant la Bataille de Uhud :

« Ne vous laissez pas battre, ne vous affligez pas alors que vous êtes les supérieurs, si vous êtes de vrais croyants. Si une blessure vous atteint, pareille blessure atteint aussi l'ennemi. Ainsi, faisons-Nous alterner les jours (bons et mauvais) parmi les gens, afin qu'Allah reconnaisse ceux qui ont cru, et qu'Il choisisse parmi vous des martyrs - et Allah n'aime pas les injustes, et afin qu'Allah purifie ceux qui ont cru, et anéantisse les mécréants. Comptez-vous entrer au Paradis sans qu'Allah ne distingue parmi vous ceux qui luttent et qui sont endurants ? Bien sûr, vous souhaitiez la mort avant de la rencontrer. Or vous l'avez vue, certes, tandis que vous regardiez ! Muhammad n'est qu'un messager — des messagers avant lui sont passés —. S'il mourait, donc, ou s'il était tué, retourneriez-vous sur vos talons ? Quiconque retourne sur ses talons ne nuira en rien à Allah ; et Allah récompensera bientôt les reconnaissants. »[1]

Dans ces versets, Allah Exalté soit-Il, a commencé par citer leur supériorité du fait de leur foi. Puis, Il a mentionné de nombreuses sagesses derrière leur défaite. Il les a ensuite réconfortés en expliquant que s'ils avaient été blessés sur le sentier de l'obéissance à Allah et Son Messager (paix sur lui), les infidèles avaient aussi subi des blessures, mais dans le sentier de la désobéissance à Allah et Son Messager.

1 Sourate La Famille de 'Imran, versets 139 à 144

Après cela, Il les a informés du fait qu'Il faisait alterner de tels jours tour à tour entre les gens. Puis Il leur a expliqué qu'Il agissait ainsi afin de discerner les croyants. À ce sujet, précisons qu'Allah, glorifié soit-il, sait tout, avant même que cela existe et après que ça ait existé. Cependant, Il souhaite les observer dans la réalité, et savoir que leur foi est réellement vécue.

Il les a ensuite informés qu'Il voulait réunir des martyrs à partir d'eux. Le rang de martyr est très élevé auprès de Lui. On ne peut l'atteindre qu'en étant tué dans Son sentier. C'est une des choses qu'Il aime le plus et qui contient le plus de bienfaits pour le serviteur.

Puis, Il leur indiqua qu'Il souhaitait purifier et épurer les croyants. Il veut les purifier de leurs péchés à travers leur retour vers Lui par le repentir, leurs péchés constituant la cause de leur défaite. Il leur indiqua également que, malgré cela, Il souhaiter anéantir les mécréants.

Enfin, Il rejeta leur supposition qui consistait à croire qu'ils entreraient au Paradis sans jihad ni patience. Si la victoire se trouvait sans cesse de leur côté, personne ne les aurait combattus. Ils n'auraient donc jamais accompli le jihad ni fait preuve de patience face aux blessures infligées par l'ennemi.

Ce sont là quelques éléments issus de la sagesse qui se cache derrière la défaite occasionnelle des musulmans.

9- Allah, glorifié soit-Il, a créé les cieux et la terre, la vie et la mort.

Il a orné ce monde de ce qu'il contient dans le but de tester Ses serviteurs et de les mettre à l'épreuve. Cela pour qu'Il distingue ceux qui désirent ce qui se trouve auprès de Lui de ceux qui convoitent ce bas monde et ce qu'il renferme.

« Et c'est Lui qui a créé les cieux et la terre en six jours — alors que Son Trône était sur l'eau, — afin d'éprouver lequel de vous agirait le mieux ? »[1]

« Nous avons placé ce qu'il y a sur la terre pour l'embellir, afin d'éprouver (les hommes et afin de savoir) qui d'entre eux sont les meilleurs dans leurs actions. »[2]

« Celui qui a créé la mort et la vie afin de vous éprouver (et de savoir) qui de vous est le meilleur en œuvre, et c'est Lui le Puissant, le Pardonneur. »[3]

« Nous vous éprouverons par le mal et par le bien [à titre] de tentation. Et c'est à Nous que vous serez ramenés. »[4]

« Nous vous éprouverons certes afin de distinguer ceux d'entre vous qui luttent [pour la cause d'Allah] et qui endurent, et afin d'éprouver [faire apparaître] vos nouvelles. »[5]

« Alif, Lām, Mīm. Est-ce que les gens pensent qu'on les laissera dire : « Nous croyons ! » sans les éprouver ? Certes, Nous avons éprouvé ceux qui ont vécu avant eux ; [Ainsi] Allah connait ceux qui disent la vérité et ceux qui mentent. »[6]

---

1 Sourate Hud, verset 7

2 Sourate La Caverne, verset 7

3 Sourate La Royauté, verset 2

4 Sourate Les Prophètes, verset 35

5 Sourate Muhammad, verset 31

6 Sourate L'Araignée, versets 1 à 3

Lorsque les Messagers sont envoyés à eux, les gens tombent dans l'une de ces deux catégories : croyants et mécréants. Les deux sont éprouvés.

Pour ce qui est du croyant, il traversera forcément des épreuves et des afflictions afin que sa véracité soit clairement établie ou pas. S'il n'est pas sincère, il tournera les talons et fuira l'épreuve. Si au contraire il l'est, il demeurera ferme et l'épreuve lui profitera en augmentant sa foi.

Allah a dit :

« Et quand les croyants virent les coalisés, ils dirent : « Voilà ce qu'Allah et Son messager nous avaient promis ; et Allah et Son messager disaient la vérité ». Et cela ne fit que croître leur foi et leur soumission. »[1]

En ce qui concerne le mécréant, il sera éprouvé dans l'au-delà par le châtiment. Chacun d'entre nous devra faire face aux épreuves dans cette vie, dans la tombe et le Jour du Jugement. Néanmoins, les difficultés rencontrées par le croyant demeurent relativement moindres que celles qui touchent le mécréant.

Allah a permis au croyant d'endurer l'affliction grâce à sa foi. Il le nourrit par la patience, la fermeté, le contentement et l'acceptation. Avec cela, Il lui allège le fardeau de l'épreuve.

Quant aux infidèles, aux hypocrites et aux pervers, l'affliction pèse lourd sur eux et s'étend sur la durée.

Ainsi, l'épreuve vécue par le croyant est légère et brève alors que celle vécue par le mécréant est pesante et longue.

---

1 Sourate Les Coalisés, verset 22

10- L'Homme est une créature sociale.

Il doit vivre au milieu des autres. Or, chaque personne est animée par une intention, un imaginaire et des croyances auxquels ils veulent conformer leur prochain. S'il ne se soumet pas, ils lui feront du mal ou le puniront. S'il y adhère, le châtiment le touchera par des voies différentes.

L'homme doit co-exister avec les autres. Il se trouve donc sans cesse dans une situation où il doit se conformer ou s'opposer à eux.

Dans le fait de se conformer à eux se trouve un châtiment si ce à quoi ils adhèrent est faux. Dans le fait de s'opposer à eux réside également une épreuve. Cependant, il ne fait aucun doute que la souffrance issue de l'opposition à leur faux reste plus légère qu'endurer la douleur qui résulte du fait de s'y conformer.

Que celui à qui l'on demande de se conformer à l'autre dans l'injustice, le péché, le faux témoignage et d'autres choses de ce genre, se souvienne de ce principe. Il sait que s'il ne se soumet pas, on lui portera préjudice. Il a néanmoins aussi conscience qu'en faisant preuve de patience et de piété, la victoire finale sera à lui. En se conformant, il pourra peut-être échapper à une souffrance, mais tôt ou tard il subira une punition plus grande que celle qu'il a voulu éviter.

Comprendre ce principe fait partie des notions les plus profitables. Un châtiment léger sera succédé par un plaisir et un bonheur infini. Une joie et un soulagement brefs seront suivis par un supplice éternel. C'est d'Allah que provient le secours.

11- L’épreuve qui touche le serviteur l’affecte dans quatre éléments :

- Sa propre personne : soit par la mort, soit par quelque chose de moindre
- Ses biens
- Son honneur
- Sa famille et les gens qu’il aime

La plus grave est l’épreuve qui touche sa personne.

Le fait que chacun doive mourir est connu et le but du croyant est de trépasser dans le sentier d’Allah, car il s’agit de la plus digne des fins et la plus aisée.

Pour le martyr, la douleur de la mort équivaudra à la morsure d’une puce. Donc, quiconque croit que mourir en martyr est une épreuve plus grande que mourir dans son lit est un ignorant.

En effet, la mort en martyr représente la plus facile des morts, la plus noble et la plus grandiose. Celui qui la fuit pense que sa vie s’allongera, mais Allah a prouvé la fausseté de cette notion.

« Dis : « Jamais la fuite ne vous sera utile si c’est la mort (sans combat) ou le meurtre (dans le combat) que vous fuyez ; dans ce cas, vous ne jouirez (de la vie) que peu (de temps) ». »[1]

Ici, Allah, exalté soit-Il, nous informe du fait que fuir le martyr n’est d’aucun bénéfice. Même s’il y en avait un, il se-

1 Sourate Les Coalisés, verset 16

rait très léger, car le fuyard mourra indubitablement. Il aura donc manqué un grand bien en échange de quelque chose de très léger.

Allah dit ensuite :

« Dis : « Quel est celui qui peut vous protéger d'Allah, s'Il vous veut du mal ou s'Il veut vous accorder une miséricorde ? » Et ils ne trouveront pour eux-mêmes en dehors d'Allah, ni allié ni secoureur. »[1]

Celui qui fuit la mort pensant qu'elle constitue un mal pour lui, Allah l'informe qu'il n'existe personne qui pourra le protéger d'Allah, même s'Il voulait lui infliger un mal. En effet, il se peut qu'il fuit la mort en martyr pour tomber dans quelque chose de bien plus éprouvant.

La même chose s'applique aux épreuves qui touchent les biens, l'honneur et le corps.

Allah retirera ses possessions à l'avare qui ne dépense pas dans Son sentier. Ou alors, Il les restreindra de manière à ce que ses dépenses ne lui servent ni dans ce monde, ni dans l'autre.

Celui qui thésaurise les biens, Allah l'empêchera d'en tirer un plaisir quelconque et après sa mort, ce sera un autre qui en profitera. Il portera donc son péché pendant que son héritier jouira de l'acquisition de ses biens.

Cela vaut aussi pour celui qui préfère éviter d'employer son corps et son honneur dans le sentier d'Allah pour le préserver de la fatigue et de la lassitude. Allah lui fera utiliser

1 Sourate Les Coalisés, verset 17

son corps, le fatiguer et l'épuiser de nombreuses fois dans d'autres causes que la sienne.

Il s'agit de principes que l'homme apprend à connaitre par l'expérience.

Abu Hazim a dit : « Celui qui ne craint pas Allah dans le but de tirer un profit de ses relations avec les gens, n'atteindra jamais quelque chose de plus grand que ce à quoi est parvenu celui qui craint Allah dans son attachement à perfectionner sa piété. ».

Prenons le cas d'Iblis. Il refusa de se prosterner devant Adam. Il pensa qu'à travers cet acte, il se soumettait à lui et s'humiliait. Il voulut s'anoblir, mais Allah en fit la plus méprisable des créatures, un serviteur du pervers et des transgresseurs parmi les progénitures d'Adam.

Prenons également l'exemple des adorateurs d'idoles. Ils refusèrent hautainement de suivre le Messager humain et d'adorer le Dieu unique, glorifié soit-Il. Au lieu de cela, ils idolâtrèrent de [fausses] divinités faites de pierre !

La même chose s'applique à celui qui refuse de s'humilier devant Allah, ou d'accomplir ce qu'Il a ordonné et qui Le satisfait, ou de déployer son énergie dans Son obéissance. Il sera inévitablement avilit par quelque chose d'incomparable à Allah et dépensera ses biens et sa vigueur dans le but de plaire à cette chose. Cela est une forme de châtiment.

Certains Salafs disaient : « Celui qui refuse de faire un pas pour venir en aide à son frère, Allah lui fera accomplir plusieurs pas vers Sa désobéissance. »

Pour conclure à ce sujet, nous allons maintenant citer le

véritable but voulu pour chacun. Tout ce qui a précédé ne représente que de simples moyens d'atteindre ce but.

Il s'agit de l'amour d'Allah, glorifié soit-Il, trouver du réconfort auprès de Lui, désirer ardemment Sa rencontre, se satisfaire de Lui. En cela, repose l'essence de la religion et la quintessence des actes et des ambitions de chacun.

La connaissance d'Allah, de Ses Noms, Ses Attributs et Ses Actes compte parmi les objectifs les plus grandioses. L'adorer est l'acte le plus noble. Le louer à travers Ses Noms et Attributs et Le glorifier représentent les discours les plus nobles.

Tout cela constitue la fondation de la religion juste et droite, celle d'Abraham (paix sur lui).

Allah, exalté soit-Il, a dit à son Messager :

« Puis Nous t'avons révélé : « Suis la religion d'Abraham qui était voué exclusivement à Allah et n'était point du nombre des polythéistes ». »[1]

En cela repose la concrétisation de l'attestation qu'il n'y a de divinité digne d'adoration qu'Allah. C'est autour de cela que la religion de l'Islam a été construite. Il s'agit de la religion de tous les Prophètes et les Messagers. Il n'existe aucune autre religion qu'Allah acceptera.

« Et quiconque désire une religion autre que l'Islam ne sera point agréé, et il sera, dans l'au-delà, parmi les perdants. »[2]

1 Sourate Les Abeilles, verset 123

2 Sourate La Famille de 'Imran, verset 85

Printed in France by Amazon
Brétigny-sur-Orge, FR

12542982R00048